Inhalt

Recruiting 2003

Kernthesen

Beitrag

Fallbeispiele

Weiterführende Literatur

Impressum

Recuiting 2003

M.Rinkenburger

Kernthesen

- Unternehmen nutzen immer häufiger das Internet für die Rekrutierung neuer Mitarbeiter und das Bewerbungsmanagement. (1)
- Während bei kleinen und mittelständischen Unternehmen Job- oder Karriereportale eine große Rolle spielen, steht für Großunternehmen die eigene Homepage im Vordergrund. (5)
- Immer mehr Stellensuchende nutzen die vielfältigen Angebote der Jobbörsen im Netz und akzeptieren zunehmend auch die Möglichkeiten, sich Online oder via E-Mail zu bewerben. (5)
- Effektivität, Kosten, Zugriffszahlen, Bewerbermatching oder Qualität sind

einige Kriterien, die bei der Entscheidung der Personalabteilungen für oder gegen das Internet als Recruitingkanal eine Rolle spielen. (2), (3)

Beitrag

Die Frankfurter Goethe-Universität-Deutschland hat in Zusammenarbeit mit dem Onlinestellenmarkt www.monster.de und dem Personaldienstleister TMP Worldwide eine Studie zum Thema Recruiting Trends 2003 durchgeführt. Dabei wurde festgestellt, dass 89 Prozent der tausend größten Unternehmen in Deutschland Stellenausschreibungen auf ihrer Webseite veröffentlichen. 88 Prozent nutzen externe Internet-Stellenmärkte, um geeignete Mitarbeiter über Ausschreibungen oder Datenbankrecherchen zu finden. (1) Neben diversen Statements zum Thema Personalmarketing führten auch Fragen zu Themen wie Bewerbermanagementsysteme, Kosten oder Bewerbungsprozess zu interessanten Ergebnissen. (2) Im Folgenden sind einige Erkenntnisse exemplarisch dargestellt.

Stellenanzeigen und

Personalmarketing

Wenn gleich viele Unternehmen Stellenanzeigen im Internet veröffentlichen, so beurteilen nur rund 50 % die Stellenausschreibung auf der eigenen Homepage als effektiv. Sogar nur 38 % der befragten Unternehmen zeigten sich mit den Ergebnissen von bei Jobportalen veröffentlichen Anzeigen zufrieden. Dabei ist auffallend, dass Unternehmen mit mehr als 10 000 Mitarbeitern sowie einem entsprechenden Bekanntheitsgrad und Image deutlich bessere Ergebnisse mit Ausschreibungen im Netz erzielen, als kleinere und unbekanntere Firmen. (6)

Die Effektivität von Stellenanzeigen in Printmedien liegt an vorderster Stelle der Zufriedenheitsskala. Mit einer Zufriedenheit von 62 % erhielten Stellenanzeigen in Printmedien die besten Bewertungen von den befragten Unternehmen. (6)

Gegen Stellenanzeigen in Printmedien sprechen allerdings die hohen Kosten und der einmalige Erscheinungstermin. Gerade in der wirtschaftlichen Situation, in der Unternehmen aller Branchen versuchen, ihre Kosten einzudämmen, greifen Unternehmen, wenn sie denn überhaupt noch einstellen, verstärkt auf die günstigere Alternative der Stellenausschreibung im Netz zurück. Diese Entwicklung lässt sich gut am Umfang der derzeitigen Stellenmärkte in den einschlägigen Tageszeitungen im Vergleich zur Anzahl an Ausschreibungen in den Stellenbörsen erkennen.

Formen der Bewerbung

Die Auswertung der Umfrage hat ergeben, dass Onlinebewerbungen den klassischen Bewerbungsmappen mehr und mehr den Rang ablaufen. Dabei ist zu unterscheiden zwischen Bewerbungen die via E-Mail und anhängenden Dateien verschickt werden und jenen Bewerbungen, die in Standardformularen auf den entsprechenden Unternehmensseiten eingegeben werden müssen. (3) Welche Art der Bewerbung von den Unternehmen bevorzug wird, ist oftmals für den Bewerber nicht eindeutig erkennbar. Je nach Bewerbungsabwicklungssystem bevorzugen Unternehmen bestimmte Formen der Bewerbung. Entsprechende Informationen zur favorisierten Form sind entweder auf den Karriereseiten der Unternehmen ersichtlich oder sollten ggf. telefonisch erfragt werden.

Bei der Bewerbung über Standardformulare mit vorgegebenen Frageblöcken können die Bewerber in der Regel nicht viel verkehrt machen, da sie sich an den vorgegebenen Rahmen halten müssen. Bei Bewerbungen via E-Mail geraten viele Bewerber allerdings in die Gefahr, die im E-Mail Schriftverkehr oftmals üblichen, eher lockeren Umgangsformen, auch bei der Bewerbung zu verwenden. Dadurch disqualifizieren sich gute Bewerber unnötigerweise selbst. Auch E-Mail Bewerbungen mit umfangreichen Anhängen und vielen Kilobyte Umfang können zu einer vorzeitigen Disqualifikation führen. Aus diesem Grund sollten sich Bewerber wie bei einer Bewerbung per Mappe auch bei Onlinebewerbungen über entsprechende Trends und Regeln bei entsprechenden Informationsquellen passende Ratschläge holen. (3), (4)

Bewerbermanagementsysteme

Die Umfrage hat ergeben, dass Unternehmen vermehrt dazu übergehen, den Bewerbungsprozess mit Hilfe verschiedener Kennzahlen und Controllinginstrumente zu optimieren. Einen wichtigen Beitrag leisten dabei Softwaresysteme zur Bewerberabwicklung. Diese zum Teil sehr umfangreichen Bewerbermanagementsysteme leisten neben einem effizienten Auslese- und Matchingverfahren, auch einen entsprechenden Beitrag zur Kostenreduzierung und zum

Imagegewinn der suchenden Unternehmen. (2)

Aufgrund der hohen Investitionskosten dieser Tools handelt es sich überwiegend um Großunternehmen, welche in diese Techniken investieren. Allerdings haben auch Jobbörsen diesen Trend erkannt. Sie kooperieren mit entsprechenden Softwareanbietern dieser Systeme, um Unternehmen, die aufgrund ihrer Größe oder Bewerberzahlen in keine eigenen Lösungen investieren möchten, diesen Mehrwert anbieten zu können. (2) Für Unternehmen, die entsprechende Systeme einsetzen, ist es z. B. unabdingbar, dass sich Bewerber über ein Web-Formular bewerben, damit es zu keinem Medienbruch kommt und sich die geplanten Rationalisierungsbemühungen auch einstellen. (3)

Kosten

Durch die Nutzung des Internets bei allen Rekrutierungsaktivitäten lassen sich sowohl kurz- als auch langfristig in verschiedenen Bereichen Kosten einsparen. Bekannte Unternehmen mit entsprechend aufbereiteten Unternehmens-Web-Seiten können mit professionell gestalteten Karriereseiten ihr Personalmarketingbudget reduzieren. Dadurch lassen sich die Aufwendungen für kostenintensive

Imageanzeigen reduzieren. (5)

Weniger bekannte Unternehmen profitieren bei der Schaltung von Anzeigen in Jobbörsen vom Bekanntheitsgrad dieser Jobbörsen. Bewerber reagieren oftmals nicht sofort auf teure Personalmarketingkampagnen von unbekannteren Unternehmen. Wenn sie allerdings ansprechende Stellenanzeigen dieser Firmen in den Jobbörsen entdecken, dann ist der nächste Schritt oftmals ein Blick auf die Homepage des Unternehmens.

Stellenanzeigen in Jobbörsen sind des Weiteren um ein vielfaches günstiger als jene in Printmedien. Um allerdings auch die erwartete Zielgruppe zu erreichen, müssen die richtigen Jobbörsen identifiziert und gebucht werden. (1)

Der Einsatz von professionellen Bewerbermanagementsystemen führt zu geringeren Personalkosten. Bei Bertelsmann konnten die Recruiter nach Einführung eines entsprechenden Tools 65 % mehr Bewerbungen bearbeiten als vorher. Das hat zur Folge, dass mit dem gleichen Personal mehr Bewerbungen bearbeitet werden können oder auch Personal reduziert werden kann. (2)

Fallbeispiele

Die Vorselektion von Bewerbern ist ein weiterer Mehrwert, den entsprechende Tools bei Jobbörsen oder Unternehmen leisten können. Anhand definierter Kriterien haben Unternehmen die Möglichkeit, aus der Vielzahl der eingehenden Bewerbungen, diejenigen mit den passenden Profilen herausfiltern zu lassen. (3)

Bertelsmann hat die Zeit zwischen Bewerbungseingang und unterschriebenem Arbeitsvertrag (Time to Hire) durch den Einsatz des Bewerbermanagementsystems Be-Cruiter von durchschnittlich 67 auf 20 Tage reduziert. Dies hat neben den Kosteneinsparungen in der Bewerbungsabwicklung auch positive Auswirkungen auf das Image des Unternehmens, da viele Unternehmen ihren guten Namen auf dem Bewerbermarkt immer noch durch eine undurchsichtige und langwierige Bewerbungsabwicklung riskieren. (2), (3)

Lufthansa bittet jene Bewerber, die Ihre Unterlagen per Mappe einreichen und eine E-Mail-Adresse angegeben haben, die Daten in der entsprechenden Bewerbungsmaske im Internet einzugeben. Dadurch verringert sich der personelle Aufwand für die manuelle Eingabe der Daten. Die eingegebenen Daten können dann sofort über das Bewerbungstool den entsprechenden Stellen zugeordnet und selektiert werden. Für Quereinsteiger kann es aufgrund der vorgegebenen Fragenblöcke allerdings schwieriger sein, verschiedene Stationen ihres Lebenslaufes den einzelnen Kategorien zuzuordnen. (3)

Die Commerzbank senkte dank eines entsprechenden Managementtools ihre Recruiting-Ausgaben um 35 % und verkürzte gleichzeitig die Einstellungswege um 20 %. (3)

Weiterführende Literatur

(1) Homepage ergänzt Print, Eine Studie benennt „Recruiting-Trends 2003", DVZ, Nr. 007, 16.01.2003 aus IT Business, Heft 14/2003, S. 19

(2) Rationalisierte Bewerberfluten
aus HORIZONT 50 vom 12.12.2002 Seite 048

(3) Direkter Draht Bewerbung. Personalchefs holen sich die besten Köpfe über das Web. Wie sich Job Suchende richtig präsentieren und ihre Chancen verbessern.
aus Capital vom 06.02.2003, Seite 94

(4) Ihr Startkapital Wege zum neuen Job / Bewerbung. Viele Kandidaten leisten sich Fehler - ein Leichtsinn,

der sofort bestraft wird. Karriereprofis zeigen, wie sich Pannen vermeiden lassen.
aus Capital vom 14.11.2002, Seite 113

(5) Neue Quellen müssen sprudeln
aus HORIZONT 46 vom 14.11.2002 Seite 035

(6) Firmen sind unzufrieden mit Personalsuche im Internet Studie sieht trotzdem einen Trend zum E-Recruiting
aus FTD Financial Times Deutschland vom 29.11.2002, Seite 34

(7) ARBEITGEBER DES JAHRES Marktführer zeichnen sich nicht nur durch exzellente Produkte aus, sondern auch durch herausragende Personalarbeit. So die Quintessenz des Wettbewerbs 'Top Job'. impulse zeigt, was dies in der Praxis bedeutet - und präsentiert die Rezepte der Besten.
aus Impulse vom 01.12.2002, Seite 40

Impressum

Recruiting 2003

Bibliografische Information der deutschen Nationalbibliothek

Die Deutsche Nationalbibliothek verzeichnet diese Publikation in der deutschen Nationalbibliografie; detaillierte bibliografische Daten sind im Internet über http://dnb.d-nb.de abrufbar.

ISBN: 978-3-7379-1010-1

© 2015 GBI-Genios Deutsche Wirtschaftsdatenbank GmbH, Freischützstraße 96, 81927 München, www.genios.de

Alle Rechte vorbehalten. Dieses Werk ist einschließlich aller seiner Teile – z.B. Texte, Tabellen und Grafiken - urheberrechtlich geschützt. Jede Verwertung außerhalb der Grenzen des Urheberrechtsgesetzes bedarf der vorherigen Zustimmung des Verlags. Dies gilt insbesondere auch für auszugsweise Nachdrucke, fotomechanische Vervielfältigungen (Fotokopie/Mikroskopie), Übersetzungen, Auswertungen durch Datenbanken oder ähnliche Einrichtungen und die Einspeicherung und Verarbeitung in elektronischen Systemen.